कोशिशें

हिमांशु अंश

क्रम-सूची

क्रम-सूची

ग़ज़ल किसे कहते है ?

विकिपीडिया के अनुसार:

ग़ज़ल एक ही बहर और वज़न के अनुसार लिखे गए शेरों का समूह है। इसके पहले शेर को मतला कहते हैं। ग़ज़ल के अंतिम शेर को मक़्ता कहते हैं। मक़्ते में सामान्यतः शायर अपना नाम रखता है। आम तौर पर ग़ज़लों में शेरों की विषम संख्या होती है (जैसे तीन, पाँच, सात..)। एक ग़ज़ल में 5 से लेकर 25 तक शेर हो सकते हैं। ये शेर एक दूसरे से स्वतंत्र होते हैं। कभी-कभी एक से अधिक शेर मिलकर अर्थ देते हैं। ऐसे शेर कता बंद कहलाते हैं।

ग़ज़ल के शेर में तुकांत शब्दों को क़ाफ़िया कहा जाता है और शेरों में दोहराए जाने वाले शब्दों को रदीफ़ कहा जाता है। शेर की पंक्ति को मिस्रा कहा जाता है। मतले के दोनों मिस्रों में काफ़िया आता है और बाद के शेरों की दूसरी पंक्ति में काफ़िया आता है। रदीफ़ हमेशा काफ़िये के बाद आता है। रदीफ़ और काफ़िया एक ही शब्द के भाग भी हो सकते हैं और बिना रदीफ़ का शेर भी हो सकता है जो काफ़िये पर समाप्त होता हो।

ग़ज़ल के सबसे अच्छे शेर को शाहे बैत कहा जाता है। ग़ज़लों के ऐसे संग्रह को दीवान कहते हैं जिसमें हर हर्फ से कम से कम एक ग़ज़ल अवश्य हो। उर्दू का पहला दीवान शायर कुली कुतुबशाह है।

नज़्म किसे कहते है?

विकिपीडिया के अनुसार:

वैसे तो उर्दू की हर कविता को नज़्म कहा जा सकता है। पर वर्तमान समय में इसका प्रयोग साधारणतः ग़ज़ल को छोड़कर बाकि कविताओं के लिए होता है। वर्तमान समय में यह शब्द किसी भी विषय पर लिखी गई नए ढंग की कविता के लिए प्रचलित है। मुक्त छंद कविता को आजाद नज़्म कहते हैं।

कुछ किताबों के अनुसार:

नज़्में तीन क़िस्म की होती हैं:

1. पाबन्द नज़्म
2. आज़ाद नज़्म
3. नस्री नज़्म

पाबन्द नज़्म उस नज़्म को कहते हैं जिसमें ग़ज़ल ही की तरह बह्र समेत क़ाफ़िए, रदीफ़ आदि की भी पाबन्दी होती है।

वह नज़्म जिसमें बह्र के इलावा कोई और पाबन्दी नहीं होती. उसे आजाद नज्म कहते है

वह नज़्म जिसमें किसी तरह की कोई भी पाबन्दी नहीं होती न बह्र की और न ही रदीफ़ की, उसे नस्री नज्म कहते है|

...

उसको सब पता होगा मेरे बारे में,
जिसने बदलते हुए देखा है मुझे,
जिसके लिए बदला हूँ मैं,

उसको सब पता होगा मेरे बारे में,
जो हर पल साथ था मेरे,
जो *साक्षी* है मेरे जीवन का,

1. कुछ बातें

कहते है कि संगत इंसान को बदल देती है , संगत का उम्र से कोई ताल्लुक नहीं होता है , ना ही धर्म और भाषा से होता है । संगत के कारण मुझमे भी काफी बदलाव आए है , गुलज़ार, वसीम बरेलवी, राहत इंदौरी, फैज अहमद फैज, ग़ालिब इन सब की संगत मे मैं काफी बदलाव हूँ। मुझे पता है ये लोग मेरे दोस्त नहीं है , ये सब तो मुझसे उम्र और दर्जे में काफ़ी बड़े है, मुझसे काफी मशहूर और काफी ज्ञानी। इनके कलमों से स्याही का समंदर बहता है उसके मुकाबले तो मेरी स्याही किसी तालाब जैसे लगती है, मगर ये तो सच है कि इन सभी के ग़ज़ल, नज्म, शेर और बाकी तमाम रचनाओं का दीवाना तो पूरी दुनिया है ।

जब लिखना शुरू किया था तो कुछ पता नहीं था मुझे, पता नहीं था ग़ज़ल किसे कहते है या नज्म किसे कहते है, बस जो लिखने का मन करता था वो लिख लेता था, जब कोई बात करने के लिए नहीं होता था तो लिख लेता था, जब कोई सुनने के लिए नहीं होता था तो लिख लेता था, मगर किसी को सुनाता नहीं था ना ही वो कॉपी देखने देता था जिसमें कोई शेर, कविता, नज्म, ग़ज़ल कुछ भी लिखा हुआ हो। मगर आज इससे किताब मे मेरे कुछ ग़ज़ल दिखेंगे, नज्म दिखेंगे, शेर दिखेंगे, कविताएँ दिखेंगी और शायद आपको पसंद भी आए।

दरअसल मैं लिखने से ज्यादा पढ़ने मे यकीन करता हूँ, चाहे वो वसीम बरेलवी की किताब 'चराग' हो या राहत इंदौरी की 'नाराज़' , गुलज़ार की 'मीलों से दिन ' हो या जावेद सहाब की 'तरकश' , सभी पढ़ी है मैने और ये सीख है कि जो किसी लेखक को अच्छे से पढ़ना सिख जाता है वो , लेखक बनने तरफ पहला कदम जरूर रख देता है। अगर आपको भी कभी लेखक बनना है तो पढ़ने की कोशिश जरूर करें।

काफी कुछ लिखने के बाद और बहोत सारी किताबें पढ़ने के बाद एक चीज जो पता चली मुझे की जो इंसान साहित्य से जुड़ता है वो अंदर से बहोत मजबूत हो जाता है, वो हर परिस्थिति मे जितना खुश रह सकता है उतना कोई नहीं रह सकता, किसी भी वक्त उसे ऐसा कभी नहीं एहसास नहीं हो सकता कि वो कमजोर है, ये शायद मेरा निजी अनुभव है।

मेरी उम्र ज्यादा नहीं है मगर इतनी जरूर हो चुकी है कि अब समझ मे आने लगा है कि जिंदगी का उम्र से कोई लेना देना नहीं है , साठ साल का आदमी भी बेवकूफ़ हो सकता है और छह साल का बच्चा ज्ञानी।

पहले जब मैं लिखता था तो किसी को भी सुनाता या दिखाता नहीं था , मगर कुछ साल बाद जब कुछ नए दोस्त बने , एक दोस्त ऐसा मिला जो बहोत है तक मेरे जैसा था, अनुराग। उसे भी काफी दिलचस्पी थी इन सब

चीजों में, तो फिर मैं धीरे धीरे उसे अपनी कविताएँ सुनाने लगा , हालांकि पहले भी एक दो लोगों को मैंने अपनी कुछ कविताएँ सुनाई थी मगर इसने उन लोगों की तरह मुझे आज तक कभी ये नहीं कहा कि मेरी कविताओं के तुक नहीं मिल रहे है, उसका ध्यान सिर्फ शब्दों पे नहीं बल्कि जज्बातों पे ज्यादा जाता था। शायद ये भी एक वजह है कि हम आज भी काफी अच्छे दोस्त है। दरअसल अगर तुम्हारे रचनाओं मे कोई भी इंसान तुक ढूंढने की कोशिश करे तो समझ लेना कि आप बहोत ही छोटे इंसान की महफिल मे बैठे है , ये मैं नहीं काफी बड़े शायर कह चुके है , हालांकि मुझे काफी वक्त तक ये पता नहीं था कि ग़ज़ल, नज्म, शेर या कविता मे क्या अंतर होते हैं, मुझे सब एक समान लगते थे। आज बहोत लोगों को इनके बीच मे अन्तर नहीं पता , खेर मैं आगे आसान शब्दों मे इससे भी समझाने की कोशिश करूंगा। मुझे भी इन सब को सीखने मे काफी समय लगा, और फिर मैं कुछ तमाम बातों को ध्यान रख कर लिखने लगा।

इस बीच मेरे और भी कुछ दोस्त बने जिन्हें मैं अपनी ग़ज़लें आदि सुनाया करता था, इस वक्त अंशु एक ऐसा दोस्त बना जिसने मेरी सारी रचनाएं सुनी है और पढ़ी है आज भी अगर कुछ लिखता हूँ तो शायद सबसे पहले अंशु ही सुनता है।

भाषा एक बहोत महत्वपूर्ण चीज है, लोग मुझसे अक्सर पूछते है कि आखिर मैं कोन सी भाषा मे लिखता हूँ , क्या मैं उर्दू मे लिखता हूँ? शायद हाँ। क्या मैं हिन्दी मे लिखता

हूँ? शायद हाँ। मगर सच तो यह है कि मैं बस लिखता है
, मुझे खुद नहीं पता कि मेरी रचना को कोई कविता
कहेगा या नज्म। दरअसल जहाँ तक मुझे खबर है , मैं उर्दू
के फॉर्मेट मे लिखता हूँ मगर शब्द हिन्दी के ज्यादा रहते
है , जैसे मेरी कुछ रचनाएं ग़ज़ल के तरीके से लिखी गयी
है मगर शब्द हिन्दी के ज्यादा है। अगर किसी को पता
चले तो मुझे बता दे कि मैं कोन सी भाषा मे लिखता हूँ।

आप अगर आज ये किताब पढ़ रहे हैं उसमें मेरी दोस्त,
शुभांगी का हाथ है वर्ना आज भी शायद ये नज़म, ये
ग़ज़ल या ये शेर मेरे कॉपी के पिछले पन्ने में लिखे रहते।
इस किताब को तो मैं बहोत पहले से लिखना चाहता था
मगर हिम्मत शायद उसी ने दिया।

मुझे ऐसा लगता है कि लिखने का सौख मुझे मेरी माँ से
मिला है, उनकी डायरी में उनकी लिखी हुई शायरी ने
शायद मुझे सबसे ज्यादा इस तरफ आकर्षित किया। इस
किताब का छोटा हिस्सा उनके लिए ।
कोई भी अपनी जज्बातों को लिख नहीं सकता ,
बस उसे लिखने की कोशिश कर सकता है ,

ये मेरी कुछ कोशिशें हैं .....

माँ

मंदिर भी जाती है,
पीर का दरगाह भी जाती है,
मेरी मन्नतें कबूल करवाने के लिए,
माँ अपना धर्म भी भूल जाती है,

कोशिशें

1

2. कशिश, सुकून बन जाता है...

कशिश, सुकून बन जाता है ,
जब तू मुझसे गले लग जाता है ,

अँधेरा कर दो फिर देखो ,
कैसे एक दिया मशाल बन जाता है ,

हर महफिल मे बोलना जरूरी नहीं ,
कुछ महफिल मे खामोश ही रहा जाता है ,

हाथ छोर के गया वो मेरा मेरे सामने ,
देखूँ जरा वो कितनी दूर तक जाता है ,

जो मजबूर है उनसे जाके पूछो,
वो हर रोज दरगाह कितने सौख से जाता है ,

कितना भी चाहो किसी को ,
छोड़ने वाला छोडकर चला ही जाता है ,

3. वो देखे फिर मुस्कुराए, तो क्या बात है...

वो देखे फिर मुस्कुराए, तो क्या बात है,
मुस्कराते हुए गुजर जाए, तो क्या बात है ,

मुस्कराते तो बहोत लोग है देख कर हमें,
वो वापस पलट कर मुस्कुराए, तो क्या बात है ,

दूर से तो लोग बहोत देखते है उसे ,
हम पास जाकर देख आए, तो क्या बात है ,

हाथ टकराती है भीड़ मे बहोत ,
कोई थाम ले हांथों को , तो क्या बात है ,

जुबां कुछ और, नजरे कहती है कुछ और आपकी,
नजरों की सुन ली जाए, तो क्या बात है ,

अखिर कब तक आपके हाँथों को छुए हम होठों से,
कभी लबों को छू जाएं, तो क्या बात है ,

तेरी हाँथों में तो हूं मगर, तेरे लकीरों मे नहीं ,
तेरी आँखों में आ जाऊँ, तो क्या बात है ,

जिस सायरी पे उठ के चले गए सब महफिल से ,
तूने हस के कहा था , क्या बात है ,

4. तू गयी , तो मैं ढूंढता रह गया...

तू गयी , तो मैं ढूंढता रह गया,
आँखों में आशु लेकर, मैं ढूंढता रह गया,

है फ़क़त मुझे उससे मोहोब्बत,
वो पीछे खड़ी थी और मैं ढूंढता रह गया,

यूँ खो गया था इस ज़माने में,
जुगनू घर में थे और मैं रौशनी ढूंढता रह गया,

इंसान मैं बुरा हो रहा था वख्त के साथ,
प्यार तेरी आँखों में था और मैं लबों पे ढूंढता रह गया,

मैं शायद प्यार का मतलब न समझ पाया,
तू इश्क़ करती रही और मैं मोहोब्बत ढूंढता रह गया,

मैं खड़ा था , काफी यार मेरे साथ थे,
मैंने पलट के देखा और उन्हें ढूंढता रह गया,

यूँ हद मेरी शिद्दत का न पूछो,
दिल तेरे पास था और मैं धड़कन ढूंढता रह गया,

यूँ वफ़ा मेरी आज भी अजीब है,
तू घर चली गयी थी और मैं दरियाओं में ढूंढता रह गया,

अजीब ये मेरे मोहोब्बत की दास्ताँ भी रही,
चेहरा ख़्वाबो में था तेरा और मैं कागज़ों में ढूंढता रह
गया,

सबसे बड़ा खौफ तो मुझे इश्क़ से मिला,
और मैं पागल अंधेरो में डर ढूंढता रह गया,

क्या था मेरी बेसबरियों का सबब मत पूछ,
जिंदगी गले पारी थी और मैं मौत ढूंढता रह गया,

मैंने तुझसे कितनी मोहोब्बत की ये मत ढूंढना,
जो ढूंढने निकला, वो ढूंढता ही रह गया,

5. दरारें भी आंशुओं से दिखलाता है....

दरारें भी आंशुओं से दिखलाता है,
न कोई है , न कोई रहना चाहता है ,

मेरे दिल की तबियत थोड़ी नासाज़ लगती है,
रुलाता है, जब वो रकीब के साथ दिख जाता है,

लगता है मैं जुगनू हूँ उसके दामन का ,
बस अंधेरों में बुलाता है ,

मेरे हांथो में कुछ नही, आँखों में देखो,
ये मुझे आज भी उसका ही चेहरा दिखता है,

मैं कहाँ जाऊंगा अब फनाह लेने,
तेरे दरवाज़े तो हर रोज़ कोई नया आता है,

उस रास्ते से बस घर गया था उसके,
अब कोई बता दे ये रास्ता और कहाँ जाता है ,

6. कुछ आसमान में देख रहा हूँ...

कुछ आसमान में देख रहा हूँ,
कुछ ज़मीन पर देख रहा हूँ,

आते-जाते लोगों को,
बस यूँ ही देख रहा हूँ,

तू 'ना' कह कर खड़ी है,
और मैं पागल, तेरा चेहरा देख रहा हूँ,

चली गयी फिर तुम वहाँ से,
फिर भी, ख़ाली रास्ता देख रहा हूँ,

कदमें पेहचान्ने लगी है गलियां,
घर पास आते देख रहा हूँ,

कितना धुंधला लगता है ये शहर मेरे छत से,
आज पहली मर्तबा ये देख रहा हूँ,

आखरी बार तेज़ी से निकला था अपने कमरे से,
अब खुद को धीरे से जाता देख रहा हूँ,

लग भग सब खुश है यहाँ,
फिर मैं खुदको आईने में रोता हुआ क्यों देख रहा हूँ,

तारें बोहोत से है आसमान में,
मैं चाँद क्यों देख रहा हूँ,

माँ खाना लेकर आई थी पास मेरे,
उनकी आँखों में फ़िक्र क्यों देख रहा हूँ,

गले से लगाया माँ ने मुझे,
मैं ख़ुदा क्यों देख रहा हूँ,

दिल सोने को बोल रहा है,
और मैं तेरी तसवीर देख रहा हूँ,

7. कुछ ख़यालों मे लिख के जाऊँगा...

कुछ ख़यालों मे लिख के जाऊँगा,
कुछ किताबों मे लिख के जाऊँगा,

तेरे पन्नों से खुशबु आए मेरे स्याही की कई दिनों तक,
जाते-जाते कुछ ऐसा लिख के जाऊँगा,

खटकती है मेरी आवाज़ तेरी कानों मे बहोत,
तेरे अल्फाजों में अपनी ख़ामोशी लिख के जाऊँगा ,

है बहोत परेशान मेरे होने से तू,
जाते वकत तेरी किस्मत मे सुकून लिख के जाऊँगा,

जब देखे तू खुद को दिखू मैं भी तुझे,
तेरे शीशे पे अपना नाम लिख के जाऊँगा,

ढूंढने का मन हुआ , तो ढूँढ लेना मुझे ,
तेरे तकिये के नीचे अपना पता लिख के जाऊँगा ,

8. मोहब्बत मे हार जाना भी जरूरी होता है...

मोहब्बत मे हार जाना भी जरूरी होता है ,
नजरों मे नजर आना भी जरूरी होता है ,

बैठे बैठे कब तक देखे एक फूल को ,
थोड़ा बागों मे टहल के आना भी जरूरी होता है ,

मुझे क्या पता मैं क्या कहूँगा उससे,
होंठो का थरथराना भी जरूरी होता है ,

बिन मौसम कभी बारिश हो तो क्या बात है ,
कभी बारिशों में भींग जाना भी जरूरी होता है ,

यूँ तो दूर से ही देखते रह गए हम उसे,
फिर याद आया कि पास जाना भी जरूरी होता है ,

जो चुप चाप बैठे है उन्हें रहने दो,
कभी सन्नाटों में जाना भी जरूरी होता है ,

जला के मशाल आज जुगनुओं को बुलाया है घर पे,
कुछ लोगों को औकात दिखाना भी जरूरी होता है ,

कुछ बातें क्यूँ याद करता है तू 'अंश',
कुछ बातों को भूल जाना भी जरूरी होता है ,

9. कुछ खिस्से तेरे साथ के , काम आए मेरी ज़िन्दगी में...

कुछ खिस्से तेरे साथ के , काम आए मेरी ज़िन्दगी में,
अब किसी को मुस्कुराकर नही देखता हूँ,

कोई देखे अगर तो नज़रें फेर लेता हूँ उससे मैं,
ज़मीं देख लेता हूँ पर उसे नही देखता हूँ,

गंध आने लगी है परछाइयों से मेरे,
अब खुशबुओं सा नही महकता हूँ,

चाँद आसमां में है किसे खबर है उसकी,
पूर्णिमा से थक चूका हूँ, अमावस देखता हूँ,

काश हाथ नही होते मेरे,
अफ़सोस होता है जब लकीरें देखता हूँ,

जितना है, जी रहा हूँ उसी मे,
आज कल सपने बोहत कम देखता हूँ,

कुछ कमियां तो रही होंगी मुझमे,

देर तक आज कल शीशा देखता हूँ,

10. मैं तेरी हसी पे हर बार हार गया...

मैं तेरी हसी पे हर बार हार गया ,
तूने पलट कर देखा और ये दिल हार गया ,

तेरी आँखों मे इतनी चमक क्यूँ दिखती है मुझे,
जब जब करीब से देखा , हार गया ,

ये आसमान आज धुँधला क्यूँ लग रहा है ,
लगता है आज चाँद भी तुझसे हार गया ,

ऐसे तो कोई कभी डरा नहीं सकता मुझे,
पर तूने जब जब गुस्से से देखा ,मैं हार गया ,

ये मोहब्बत एक खूबसूरत ख़ता थी मेरी,
तुझे खबर कहाँ, इस ख़ता में मैं कितनी बार हार गया ,

अंधेरा चाहने लगा है रोशनी को फिर से ,
एक सहमी सी हवा से , एक मशाल हार गया ,

है क्यूँ ओस की बूंदे पत्तों पे अभी भी ,
आखिर क्यूँ मायनों से तलवार हार गया ,

तूने उदास होके रखा जब मेरे कंधे पे अपना सर,
ऐसा लगा कि मैं कोई जंग हार गया ,

11. मैं खुद से खुद ही का इंतजार कर रहा हूं...

मैं खुद से खुद ही का इंतजार कर रहा हूं,
जिसे देख रहा हूँ उसी से प्यार कर रहा हूं,

ये तबीयत आज क्यूँ थोरी नासाज लग रही है ,
तेरी आँखों की जगह मैं क्यूँ अखबार पढ़ रहा हूँ ,

तेरी तन्हाई से क्यूँ डर लगता है ,
ये जिक्र आज क्यूँ बार बार कर रहा हूं ,

12. कभी देर रात तक बात किया...

कभी देर रात तक बात किया,
कभी जल्दी मे सो गए,

कभी इंतजार किया हमने भी ,
कभी उलझन मे सो गए,

कभी पढने लगे पूरानी बातें,
खुद पर हस कर सो गए,

कभी देखने का तुम्हें मन किया,
पूर्णिमा में छत पर सो गए,

कभी तुम्हें खोने का डर लगा,
तस्वीर देखते देखते सो गए,

13. कोई कमी देख रहे है...

कोई कमी देख रहे है,
कोई हसी देख रहे है,

हो सके तो जरा इधर देखो,
सब तुम्हें देख रहे है,

जिंदगी के कुछ पल बाकी है गिनती के,
हम कयामत को आता देख रहे है,

दिन में चाँद क्यूँ दिख रहा है,
लगता है तुम्हारी आंखों को ज्यादा देख रहे है,

तुम्हारी खूबसूरती से डर लगने लगा है इस कदर,
हम फूल लेके खड़े है, और तुम्हें जाता देख रहे है,

कहें क्या, क्या सुने,
सजदे के रूप मे एक फरिश्ता देख रहे है,

अनोखी है खुदा की तासीर इतनी,
तुम्हारे अलावा कहिं नहीं देख रहे है,

है बहोत बे-एहसास वो लोग जो इश्क का कारण पूछते हैं,
हमारी आँखों तक को नहीं पता, वो क्यूँ देख रहे है,

• 29 •

कोशिशें

2

14. मैं नज्म की तरह हूँ

मैं इस नज्म की तरह हूं ,
आजाद हूँ,
आवारा हूँ,

मगर सब को पसंद आता नहीं मैं,
मुझमे कोई हलचल नहीं है ,
मैं सीधी कहानी हूँ,

ना हर कोई मुझे पढ सकता है ,
ना हर कोई समझ सकता है ,
हर किसी के जुबां पे नहीं आता मैं,

हर किसी के मुशायरों में नहीं आता मैं,
हर कोई मुझे देखता नहीं,
हर कोई मुझे सुनता नहीं,

कुछ लोग है मगर,
जो खुद नज्म लिखते है ,
वो पसंद करते है मुझे ,

वो मुझसे थकते नहीं है ,

उनकी जुबां मुझे कहानी नहीं समझती,
उनकी आंखे मुझे भूलती नहीं ,

15. क्या लिखू तेरे बारे मे

जंजीरों मे हाथ बाँध कर,
लिखने को कहते हो,
तुम मुझसे अपने बारे मे,
क्यूँ लिखने को कहते हो,

ना शब्द है उतना ,
ना स्याही है उतनी,
आखिर क्या चाहते हो ,
और क्या लिखने को कहते हो,

एक तो दीवानगी अजीब है मेरी,
और एक ये नूर तेरे चेहरा का,
शायद तुम पागल करना चाहते हो ,
इसलिए लिखने को कहते हो,

ये आंखे चाँद सी ,
और ये होंठ गुलाब,
मेरी ही कश्ती में मुझे डुबान चाहते हो,
शायद इसलिए लिखने को कहते हो,

16. मेरा नाम

जब परिंदे उड़ जाएंगे ,
जब समुंदर रूठ जाएगा ,
तब कहीं जाके तुझे,
मेरा नाम याद आएगा ,

कुछ कहानिया खत्म हो जाएंगी,
कुछ बातें तू भूल जाएगा ,
तब कहीं जाके तुझे ,
मेरा नाम याद आएगा ,

मुकद्दर हथेली पे होंगी,
इश्क नशा बन जाएगा,
तब कहीं जाके तुझे ,
मेरा नाम याद आएगा ,

सपने झूठे लगेंगे ,
नींद खुल जाएगा ,
तब कहीं जाके तुझे ,
मेरा नाम याद आएगा ,

जैसा हुआ मेरी किस्मत में ,
तेरे साथ जब हो जाएगा ,

तब कहीं जाके तुझे ,
मेरा नाम याद आएगा ,

• 37 •

तब कहीं जाके तुझे ,
मेरा नाम याद आएगा ,

17. ख्वाहिश

वो प्यार भी करना है,
जिसमें तड़प है,
वो जिंदगी भी जिनी है ,
जिसमें कोशिशें है,

वो सपने भी देखने है ,
जो देखे थे कभी बिना सोचे समझे ,
वो चाँद भी छूना है,
जो काफी दूर है ,

रास्तों पे चलते चलते ,
खोना भी है मुझे ,
मगर शाम होने के बाद ,
घर भी लौटना है ,

कुछ बातें,
भुलाना भी है ,
कुछ लम्हे,
याद भी रखने है ,

ताकि जब आंखे बंद करू अपनी,
तो ये जिंदगी, खिंदगी ना लगे ,

लगे कि ये कोई ख्वाहिश है ,
यहि मेरी ख्वाहिश है ,

18. मुसाफिर

मुसाफिरों को घर मे नहीं ठहराते,
मुसाफिर है वो,
उनको जाने दो,

कौन दे बेमतलब सवालों के जवाब उनको,
कौन बताए उन्हें ,
मेरा नाम क्या है ,

अब कौन मिलाए अपने परिवार से उन्हें ,
कौन करे चाय बनाने की मेहनत,
कौन ले उनकी राय की कैसी बनी है चाय,

तुम्हारी दीवारों को देखेंगे,
तुम्हारी दरारों को देखेंगे ,
कहेंगे इन्हें ठीक करवा लो,

कोई ऐसा आए ,
जो तुम्हें खुद चाय बना कर पिलाए,
और तुम्हें लगे कि तुम भी उसकी तरह मुसाफिर हो ,

रोक लेना उसे ,
वो तुम्हारे दरारों के बारे मे कुछ बोलेगा नहीं ,

दीवारों के बारे मे टोकेगा नहीं,

चाय कैसी भी बनी हो,
पी लेगा वो,
मगर मुस्कुराएगा जरूर समझ लेना खुद से ,

19. क्या देखा फिर

देखे कोई अगर तो देखता रहे ,
नजरे हटी,
तो क्या देखा फिर,

देखना है तो देखो नूर उसके चेहरा पर ,
नजरे हटी ,
तो क्या देखा फिर,

देखना है तो काजल देखो उसकी आँखों का ,
नजरे हटी ,
तो क्या देखा फिर ,

नखरे देखो जब वो नाराज हो तुमसे,
नजरे हटी ,
तो क्या देखा फिर ,

देखो उसको जब ना देखे वो तुमको,
नजरे हटी ,
तो क्या देखा फिर ,

20. उसे क्या बताओगे?

पूछने आए कुछ लोग मेरे बारे मे अगर ,
तो क्या बताओगे उन्हें ?,

नाराजगी बताओगे , झूठ बताओगे,
या बताओगे गलतियाँ मेरी,

प्यार बताओगे, हमदर्दी बताओगे ,
या बताओगे अच्छाइयां मेरी,

पागलपन बताओगे, जुनून बताओगे,
या बताओगे आवारगी मेरी,

एक काम करना ,
बताना मत कुछ उन्हें ,

बस इतना बताना कि एक पागल आया था ,
अपनी ख्वाहिशें बता कर चला गया ,

बताना मत कि तुमने कहा था जाने के लिए ,
लोग गलत समझ लेंगे ,

21. नज़्म

एक नज़्म के तरह हूं बंदिश मैं,
एक नज़्म के तरह आजाद भी हूँ ,

एक तरीके से देखो तो काफी दूर हूँ तुमसे,
एक तरीके से देखो तो पास भी हूँ ,

तुम आसमाँ में चाँद हो कोई ,
और मैं ज़मी से देख रहा हूँ ,

हर एक तस्वीर को तुम्हारी ,
हर रोज देख रहा हूँ ,

22. तू मेरी दुनिया

तेरी गोद मे सो जाऊँ ,

और मेहसूस करूँ इस दुनिया को ,

मुझे देखती हुई आंखे ,

पलकों का बंद होना और खुलना ,

तेरे होठों मे दबे हुए कुछ अल्फाज़,

तेरी बालों को तेरे चेहरे पे धीमे से लाती हुई वो हवा,

और तुम्हारा वापस उन बालों को कानों के पीछे दबाना,

मुझसे नजर हटा कर कुछ देखने की कोशिश करना ,

और वापस मुझे देख कर मुस्कुराना ,

हवाओं के साथ आती हुई तेरी खुशबू,

जैसे कि इस खुशबू को बहोत पहले से जानता हूँ मैं,

तेरे हाथों की नर्मी मेरे गालों पर ,

तेरे हसने पर आँखों का छोटा होना ,

और गुस्से मे नाक फूलना,

सच मे ये दुनिया काफी खूबसूरत बनाया है खुदा ने ,

23. जिक्र

एक नज़्म कितना प्यारा हो सकता है,
ये दिखाने के लिए मैंने ,
तेरी आँखों का जिक्र किया है ,

एक नज़्म कितना गहरा हो सकता है ,
ये दिखाने के लिए मैंने ,
तेरी आँखों का जिक्र किया है ,

एक नज़्म कोई मंदिर हो सकता है ,
ये दिखाने के लिए मैंने ,
तेरी आँखों का जिक्र किया है ,

एक नज़्म कोई दुनिया हो सकता है ,
ये दिखाने के लिए मैंने ,
तेरी आँखों का जिक्र किया है ,

एक नज़्म से प्यार कैसे हो सकता है ,
ये दिखाने के लिए मैंने ,
तेरी आंखों का जिक्र किया है ,

एक नज़्म सब-कुछ कैसे हो सकता है ,
ये दिखाने के लिए मैंने ,

तेरी आँखों का जिक्र किया है ,

24. क्या दिखता है तुझमे

तेरे एहसासों मे , मेरा ख्वाब दिखता है मुझे ,
तेरे गुस्से मे , मेरी गलतियाँ,

तेरे आँखों में सजदे दिखते है मुझे ,
तेरे चेहरा पे उदासियाँ,

तेरे होठों में अल्फ़ाज़ दिखते है मुझे ,
तेरे बातों में ख़ामोशियाँ,

तेरे हथेली पी लकीरें दिखती है मुझे ,
तेरे हाँथों में तन्हाईयाँ,

तेरे आगे खुद को देखता हूं मैं ,
पीछे कई परछाइयाँ,

25. दूरियाँ काफ़ी है

तू एक ख्वाहिश है मेरे लिए, जो सच है,
एक आईना मेरे होने का,
तेरी बातें 'सुकून',
पर तेरी हसी, वो ज़ख्म,
तेरे हसने पर तेरे पास आने का मन करता है,
और ये होंठ तुम्हें छूना चाहते है,
पर दूरियाँ काफी है अभी,
कब तक रहेंगी ये , पता नहीं,

एक एहसास तेरे होने का ,
मुझे बार बार रुकने को कहता है,
पर एक तस्वीर तेरी जब भी दिख जाए मुझे,
ये हाथ तुम्हें छूना चाहते है ,
तुम्हें थामना चाहते है ,
तुम्हें इतनी ज़ोर से थामना चाहते है ,
कि कोई भी तुम्हें छीन ना सके,
पर दूरियाँ काफी है अभी ,
कब तक रहेंगी ये , पता नहीं ,

कभी दिख जाओ तुम उदास अगर,
तो तुम्हारे पास बैठना चाहता हूँ उस वक्त,
देखना चाहता हूं वो चेहरा,

जिसमें मासूमियत और मायूसी दोनों साथ दिख रही है,
जो कह रही है ठहरने के लिए ,
जिस चेहरे पर हल्की सी लाली है ,
और आँखों में आंसू,
उस वक्त तुम्हारे होंठो को छू के बताना चाहता हूँ ,
कि हर वक्त यहि हूं तुम्हारे पास मैं,
पर दूरियाँ काफी है अभी ,
कब तक रहेंगीं ये , पता नहीं ,

26. मन

तेरा हाथ पाकरने का,
तेरे साथ चलने का,
तुझसे काफी देर बातें करने का ,
बहोत मन करता है ,

तेरे जुल्फों में अंगुलियां फेरने का,
तेरे सर को चूमने का,
तेरी आँखों मे घण्टों देखने का,
बहोत मन करता है,

तेरी हर बात सुनने का ,
तेरे चेहरे हो हर पल आँखों में रखने का ,
तुम्हें गले से लगा के अपनी धरकन सुनाने का,
बहोत मन करता है ,

तेरे साथ बैठने का ,
तेरी गोद मे सोने का ,
तेरी नामी को होठों से मेहसूस करने का ,
बहोत मन करता है ,

तेरी कहानियाँ सुनने का ,
मेरी नज्मे सुनाने का ,

तेरे माथे को चूम कर तेरे पास सो जाने का ,
बहोत मन करता है,

तेरे माथे को चूम कर तेरे पास सो जाने का ,
बहोत मन करता है,

27. डर

मैं उसके पीछे गया तो क्या ,
वो तो पलट के देखने से डरता है ,

आँखों से क्यूँ नाम लेता है मेरा ,
जब जुबां से कहने में डरता है ,

नजरे झुका के चला जाता है ,
पता नहीं किस्से डरता है

वैसे कंधे पर सर रखता तो है ,
बस हाथ पकरने से डरता है ,

हमारा तो काम ही देखना है उसे ,
देखते है आखिर कब तक डरता है ,

28. रिश्ते

ना कोई है, ना कोई आएगा,
ये दिल अब तन्हा ही मर जाएगा,
चलने तो लगा उसके साथ, मगर पूछा नहीं,
मैं कहा जा रहा हूं और वो कहा जाएगा,

है कितना गहरा ये मंजर तेरी आँखों का ,
कोई करीब से देखने गया तो डूब के मर जाएगा,
मैं तेरा नहीं लेकिन तू मेरी है अभी भी ,
है किसी में हिम्मत जो तेरा हाथ पाकर के दिखाएगा,

आखिर क्यूँ उस कतरे को किसी ने बताया नहीं,
अगर वो समंदर से मिला तो फिर समंदर बन जाएगा,
आज भी अगर भेजे कोई तेरे नाम की चिट्ठी तुझे,
तेरे घर जाने से पहले वो मेरे घर आएगा,

इतने खामोश क्यूँ है ये पत्ते कई दिनों से,
कुछ लोग कह रहे है कि कोई तूफान आएगा,
अखिर क्यूँ मेरे हाथों मे कुछ नहीं,
आखिर क्यूँ दिन ढालते ही शाम आएगा,

29. अधूरा

कुछ कहानिया अधूरी मेरी ,
कोइ लफ़्ज़ अधूरा रहा,
तू गया तो मुकम्मल हुआ मैं ,
हाँ मगर कुछ इश्क अधूरा रहा,

कुछ कतरे रुक गए पहाड़ों मे कहीं ,
कुछ कतरों का समंदर से मिलना अधूरा रहा ,

चलते चलते पैर भी थकने लगते है ,
कुछ सफर मे चलना भी अधूरा रहा ,

ये जरूरी तो नहीं कि हर वक्त रोना ही होगा ,
कुछ आंसुओं का उतर जाना भी अधूरा रहा ,

30. प्यार करके देखे

कभी सोचा की प्यार करके देखे जरा,
आखिर क्यों लोग आसमान मे अपने चाँद को ढूंढते है,
क्यूँ कभी देर रात तक बात करते है,
और कभी बात ही नहीं करते,

क्यूँ कभी हाँथों में गुलाब रेहता है और सांसे तेज,
और कभी आँखों मे आंसू और होंठो पर ख़ामोशी,

क्यों कभी सब की बातें आपस मे किया करते हैं,
और कभी आपस की बातें सब से,

क्यों कभी उसकी हर बात सच्ची लगती है,
और कभी हर बातें झूठी,

क्यूँ कभी उसे हर रोज शायरी सुनाते है,
और कभी उसकी गलतियाँ,

क्यों कभी सोचे बिना रह नहीं पाते,
और कभी सोचते ही नहीं,

हिमांशु अंश

....

• 57 •

31. कैसे बताऊं ?

कैसे बताऊं के आस्मा मे देख्ते देखते,
खो जाता हुँ तुम्हारी यादों मे,
के किताबें पढते पढते,
आ जाती है खयालें तुम्हारी,

कैसे बताऊं के प्यारी लगती हो बोहोत,
उस धीमी सी मुसकान मे,
बच्चों सी लगती हो,
जब आँखो के सामने होती है जुल्फे तुम्हारी,

कैसे बताऊं के कितनी बार जुल्फो को,
तुम्हारे आँखो से हटाया है सपनो मे,
के कितनी बार तुम्हारे करीब गया हुँ,
कितनी बार सर को चुमा है तुम्हारी,

कैसे बताऊं की धुंधला दिख्ता है सब,
तुम्हारी आँखो के अलावा,
के परछाईयां भी,
रंगीन लगती है आँखो से तुम्हारी,

कैसे बताऊं के समय थम सा जाता है,
जब हाथें होती है हाँथों मे,

के हर लकीरें हाथों की मेरे,
केह रही है नाम तुम्हारी,

कैसे बताऊं के अच्छा नही लगता,
जब देखती हो तुम किसी और की आँखों मे,
के पता नही क्यूं उस वख्त,
अच्छी नही लगती वो मुसकान तुम्हारी,

कैसे बताऊं के देर हो गई ,
ये सब बताने मे,
के अब बताया अगर,
तो जिन्दगी मे रहूंगा हि नही तुम्हारी,

कोशिशें

शेर और कुछ अधूरी पंक्तियाँ

32. शेर

किसी को देख के किसी से पूछता हूं मैं ,
कि उसके जैसा तो बन नहीं जाओगे ना,

ख्वाहिशें करने लगा हूं मैं भी ,
सजदों में तुम्हारी आँखों को माँगा है ,

.

.

.

.

.

.

.

.

.

.

.....

कभी रातों मे मेरे पास आना ,
तुम्हें तुम्हारी जैसे एक चीज आसमान मे दिखानी है ,

.....

.

.

.

.

.

.

.

.

.

.

.

.

.

.

.

.

.

.

.....
कल उसने तेरे शहर के बारे मे पूछा ' अंश ',
जिसकी गली को तू पूरा शहर समझता था ,

.....

.

.

.

.

.

.

.

.

.

.

.

.

.

.

.

.

.

.

.....

तेरी आंखे तो दिल कि दुश्मन है अंश ,
तूफ़ान को देखकर दिल की धमकाने बढ़ा देती है ,

.....

.

.

.

.

.

.

.

.

.

.

.

.

.

.

.

.

.

.

.

.

.....

थोड़ा ख़्वाबों का थोड़ा क़िस्से का ,
प्यार मिला नहीं मुझे मेरे हिस्से का ,

.....

.

.

.

.

.

.

मैं भूल जाऊँ तुझे किस कीमत पे,
याद रखने को तूने बहोत से तोहफे दिए है ,

.

.

.

.

.

.

.

.

.

.

.

......

तू जिंदगी के व्यापार मे थोड़ा कच्चा सा है ' अंश ',
तूने एक रिश्ता बनाया है कई रिश्तों को तोड़ कर,

.....

.

.

.

.

.

.

.

.

हासिल हो भी जाए तो क्या ,
ख्वाहिशें तो मैं भी भूल चुका हूँ,

.

.

.

.

.

.

.

.

.

......

तेरा दिल तो फूल जैसा है ' अंश ' ,
किसी ने तुझे तोड़ था बस तेरी खुशबू के लिए ,

.....

.

.

.

.

.

.

.

.

.

.
.
.
.
.
.
.
.
.
......

मैं मुस्कराता हूं ये देख कर ,
की लोग क्यूँ मुस्कराते है मुझे देख कर,

.....
.
.
.
.
.
.
.
.
.

．
．
．
．
．
．
．
．
．
．......

तेरा दिल तो फूल जैसा है ' अंश ' ,
किसी ने तुझे तोड़ था बस तेरी खुशबू के लिए ,

．．．．．
．
．
．
．
．
．
．
．
．

.
.
.

·

.

.

.

.
.

.....

एक कलम देदे अगर मुझे कोई,
तो उसका चेहरा मैं शब्दों से बना दूँगा,

.....

.
.
.
.
.
.
.
.
.
.

।
।
।
।
।
।
।
।
।
.....

कुछ लोग़ आए है, मुझे मेरी हैसियत बताने को,
और मुझी से पूछ रहे है, मेरी औकात क्या है,

.....

.
.
.
.
.
.
.
.
.
.....

है भीड़ कितनी यहाँ पर,
है लोग कितने यहाँ पर,

.....
.
.
.
.
.
.
.
.
.

33. अधूरी पंक्तियाँ

.

......

कुछ लफ्ज़ आए होठों पे और मुड़ के चले गए,
कुछ अश्क आए आंखों मे और मुड़ के चले गए,
एक दिन अचानक से जो तुझे देखा ,
देखा , फिर मुड़ के चले गए ,

.....

.

......

किस्से कहे और क्या कहें,
कितना कहे और क्यूँ कहे,
लोग तो आए थे पूछने बहोत कुछ हमसे,
अब भला तेरे बारे मे और क्या कहे,

.....

.

......

तुझे देख कर मैं भूल नहीं पाता हूं ,
हर बार ये आंखे कुछ कहती है ,
तेरा जाना जरूरी है तो जा,
इबादतों में तो आज भी रहती है ,

......

.

.....
कुछ किताबें बेच दी बिना पढ़े ही ,
कुछ किताबों मे तो नाम लिखना भी भूल गए ,
सौख से खरीदी थी सारी किताबें,
बस खरीदी किस लिए थी ये भूल गए ,

.....

.

.....

दिन भार क्या किया कुछ मालूम नहीं ,
हम तेरी यादों मे इस कदर खो जाते है ,
दिन होता है तो आंखे खुलती है ,
रात होता है तो सो जाते है ,

.....

.

.....

बोल के भी ये आंखे बेज़ुबान होती है ,
ऐसी आंखे आज कल कहाँ होती है ,
हर दवा इलाज कर नहीं सकता ,
हर दुआ मुकम्म्ल भी कहाँ होती है ,

.....

.

.....

भूल गए थे इस ज़माने को हम ,
आपके प्यार मे ,
जब टूटा दिल तो पता चला ,
ज़माना आगे निकल गया आपके इंतजार मे ,

.....

.

.....

सुने है बहोत से किस्से बहुतों से ,
जो झूठ ना था वो मजाक लगा ,
जो सच ना था वो ख्वाहिश लगा ,

.....

.

.....

उसके कहने पे हाथ छोड़ा था उसका ,
मुझे क्या पता वो खाली रास्ते मे खो जाएगा ,
वैसे रास्ता मालूम है उसे ,
वो लौट के घर ही आएगा ,

.....

.

.....

कुछ किस्से तेरे साथ के ,
काम आए मेरी जिंदगी मे ,
अब किसी को मुस्करा कर नहीं देखता हूं ,

.....

.

.....

शहर मे अब सिर्फ गलियाँ बची है ,
अब वो मिलने को राज़ी नहीं ,
सुबह होती थी देख कर जिसे,
अब वो देखने को राज़ी नहीं,

.....

.

.....

काफी दिनों बाद देखा उसे,
मैं मौजूदा सब भूल गया,
बिना देखे जो गुजरा वहाँ से ,
उसे लगा मैं सब भूल गया ,

.....

.

.....

शहर मे अब सिर्फ गलियाँ बची है ,
अब वो मिलने को राज़ी नहीं ,
सुबह होती थी देख कर जिसे,
अब वो देखने को राज़ी नहीं,

.....

.

.....

तोड़ लेंगे हर फूल अगर शाखों से,
तो देखने किसे आयेंगे हर रोज,
खुशबू खत्म हो जाएगी फिर वक्त के साथ,
बागों मे समय कैसे बिताएंगे हर रोज़,

.....

.

.....

कितना झूठा है वो,
झूठ भी नहीं बोल पाता है ,
दिख जाऊँ रास्ते मे अगर ,
तो चेहरा छुपा कर मुस्कराता है ,

.....

.

.....

वो जो दूर खारे है वो मुझे ऐसे क्यूँ देखते है,
जब भी देखते है क्यूँ हस कर देखते है,
मुसाफिरों को भी नहीं पता कहाँ ले जाता है ये रास्ता,
इनकी तरह , हम भी ज़रा टहल के देखते है,

.....

.

.....

मैं ज़मी बन जाऊँगा , तुम आसमा बन जाना,
मेरे हर दुआ की तुम वजह बन जाना,
उन आँखों को देखू और सारे दर्द खत्म हो जाए,
इस कदर तुम मेरी दावा बन जाना,

.....

.

.....

उसे हस्ते हुए भी देखता हूँ,
उसे गुमसुम भी देखता हूँ,
एक तस्वीर उसकी मेरे पास भी ,
उसे क्या पता मैं कितनी दफ़ा देखता हूँ,

.....

.

.....

काफी दूर एक अंश है मेरा,
काफी करीब है उसकी कहानियाँ भी,
उसके दूर जाने का डर भी है मुझे,
उसके होंठो पर है मेरी निशानियाँ भी,

. . . . .

.

. . . . .

हर बात पर उसकी आज हाँ कर रहा हूँ,
खुदबखुद हो रहा है , मैं कुछ कहा कर रहा हूँ,
उसकी जूल्फे जो उसके आँखो के पास है,
मन तो बहोत है हटाने का, पर खुद को मना कर रहा हूँ,

. . . . .

.

. . . . .

कोई जिहाद समझता है ,
तो कोई इबादत करता है ,
उन आंखों से यूँ आसमाँ मे ना देखा करो,
चाँद भी तुमसे मोहब्बत करता है ,

. . . . .

.

. . . . .

मेरी खामोशियों मे कई राज दफन हैं,
जैसे जुबां पे मेरे तेरा नाम दफन हैं,
ढूंढने निकला था पहचान अपनी,
फिर देखा , तो वो आईने के पीछे दफन हैं,

. . . . .

.

लेखक

हिमांशु अंश

हिमांशु अंश, हिमांशु रंजन राज का तखल्लुस है। यह उनकी पहली किताब तो है मगर यह कई संकलन मे अपना योगदान दे चुके है और ना सिर्फ कविताएँ ब्लकि इनकी लिखी गयी कहानियाँ भी कई संकलनों मे शामिल है, ना सिर्फ हिन्दी ब्लकि अंग्रेजी

भाषा मे भी की गई रचनाएं इन्हों ने कई जगह प्रकाशित किया है। हिमांशु, दरअसल मुख्य रूप से अंग्रेजी के लेखक है मगर ग़ज़ल, नज़्म या शेर लिखना इनको बेहद पसंद है और शायद यह भी एक कारन हो सकता है इस किताब के प्रकाशित होने का।

Contacts:

Email: query.ansh@gmail.com
Instagram : himanshu_ans